Karl Rahner

Von der stillen Weihnacht
unseres Herzens

Karl Rahner

Von der stillen Weihnacht unseres Herzens

Herausgegeben
von Andreas R. Batlogg
und Peter Suchla

Matthias Grünewald Verlag

VERLAGSGRUPPE PATMOS

PATMOS
ESCHBACH
GRÜNEWALD
THORBECKE
SCHWABEN
VER SACRUM

Die Verlagsgruppe
mit Sinn für das Leben

Für die Verlagsgruppe Patmos ist Nachhaltigkeit ein
wichtiger Maßstab ihres Handelns. Wir achten daher auf
den Einsatz umweltschonender Ressourcen und Materialien.

2. Auflage 2021
Alle Rechte vorbehalten
© 2019 Matthias Grünewald Verlag
Verlagsgruppe Patmos in der Schwabenverlag AG, Ostfildern
www.gruenewaldverlag.de

Umschlaggestaltung: Finken & Bumiller
Umschlagmotiv: © Deutsche Provinz der Jesuiten
Satz: Schwabenverlag, Ostfildern
Druck: GGP Media GmbH, Pößneck
Hergestellt in Deutschland
ISBN 978-3-7867-3193-1

Inhalt

Vom leisesten Wort
in der stillsten Kammer
unseres Herzens

Einführung der Herausgeber

I. Konzentration auf das Wesentliche

Dass Gott Mensch geworden ist in Jesus von Nazareth und dass Gott Jesus von den Toten auferweckt hat – das sind die beiden wichtigsten Inhalte christlichen Glaubens. Daran glauben zu können, wirklich und wirksam, ist eine gewaltige Glaubens- und Lebensleistung! Denn beides, Menschwerdung wie Auferstehung, ist – allein nach menschlichen Maßstäben – ebenso unglaublich wie unbegreiflich.

Alles andere ist demgegenüber nachrangig. Wiederholt hat Papst Franziskus an die »Hierarchie der Wahrheiten« erinnert: Nicht alles im Glauben ist gleich wichtig und bedeutsam. Er bestreitet damit nicht die Notwendigkeit von theologischer Forschung. Aber in ihrer Verkündigung müsse die Kirche darauf achten, »einfach« zu sein und zu einem »neuen Gleichgewicht« zu gelangen: »Die Lehren der Kirche – dogmatische wie moralische – sind nicht alle gleichwertig. Eine missionarische Seelsorge ist nicht davon besessen, ohne Unterscheidung eine Menge von Lehren aufzudrängen. Eine missionarische

Verkündigung konzentriert sich auf das Wesentliche, auf das Nötige. Das ist auch das, was am meisten anzieht, was das Herz glühen lässt – wie bei den Jüngern von Emmaus. Wir müssen also ein neues Gleichgewicht finden, sonst fällt auch das moralische Gebäude der Kirche wie ein Kartenhaus zusammen, droht, seine Frische und den Geschmack des Evangeliums zu verlieren. Die Verkündigung des Evangeliums muss einfacher sein, tief und ausstrahlend« (in: Antonio Spadaro, Das Interview mit Papst Franziskus. Hrsg. von Andreas R. Batlogg. Freiburg i. Br. 2013, S. 58).

II. Gott spricht den Menschen an

Weihnachten ist mit vielen Erwartungen, Erinnerungen und Sehnsüchten verbunden – und überladen: Erinnerungen an ferne Kindertage, Erwartungen an friedvolle Stunden, die Sehnsucht, dass es doch so sei, obwohl keine andere Jahreszeit gefährdeter ist für Spannungen oder Konflikte, die anlässlich von Familienzusammenkünften oder Verwandtenbesuchen aufkommen können.

Deswegen liegt die Versuchung nahe, dieses Fest zu »inszenieren«, ja, buchstäblich in Szene zu setzen. Zum »typisch deutschen« Weihnachtsfest gehören der Christbaum ebenso wie Geschenke, das Kaminfeuer,

Schnee ... und einprägsame Lieder. Das vor zweihundert Jahren entstandene Lied »Stille Nacht, heilige Nacht«, an Heiligabend 1818 von Franz Xaver Gruber und Joseph Mohr in Oberndorf bei Salzburg erstmals aufgeführt, ist weltweit in mehr als 320 Sprachen und Dialekten verbreitet. Ein Frank Sinatra konnte damit seinerzeit ebenso bezaubern wie heute ein Andrea Bocelli oder andere Interpreten. Das alles darf sein – solange man sich davon nicht das Geheimnis des Weihnachtsfestes verstellen lässt.

Die griechische Antike ließ Götter in Menschengestalt auftreten. Sie kamen von ihren himmlischen Palästen auf die Erde herunter, um dann wieder zu gehen – ein zeitlich befristetes Welt-Abenteuer sozusagen.

Der Gott Jesu Christi kommt, um zu bleiben. Und er geht den Weg aller irdischen Dinge. Er steigt nicht als »Deus ex machina« von oben herab oder wird in Gestalt eines fertigen kleinen Menschleins, wie in manchen Kunstdarstellungen, von einem Engel gleichsam in Maria implantiert. Nein, er wird geboren wie wir alle, mit Wehen und Schmerzen.

Was das wirklich bedeutet, darauf hat Karl Rahner SJ (1904–1984) vor mehr als 80 Jahren, im Februar 1937, in einem Vortrag aufmerksam gemacht: »Im Christentum, das heißt in Jesus Christus, hat der lebendige, persönliche Gott den Menschen angeredet« (in: Karl Rahner, Sämtliche Werke, Bd. 7, S. 284). Man mag einwenden: Warum berührt uns das so wenig? Es heißt bei Rahner

an derselben Stelle weiter: »Damit ist eine er-
schreckende Tatsache in das Leben des Menschen getreten«. Auf dieses »Erschrecken«,
auf dieses Ergriffensein kommt es ihm an.
Deshalb umkreist er in Predigten, Meditationen und Radioansprachen Weihnachten von
verschiedenen Seiten, damit wir uns von diesem Geschehen berühren und ergreifen lassen können.

Das Thema Weihnachten hat Rahner sein
ganzes Leben hindurch beschäftigt. Als
Theologieprofessor ebenso wie als Seelsorger
und Prediger. Er wusste dabei sehr wohl zu
unterscheiden: Ein Hörsaal ist kein Meditati-
onsraum, theologisches Argumentieren etwas anderes als eine Predigt. Wichtig war
ihm, die jeweiligen Adressaten in den Blick

zu nehmen und sich nicht in theologischen Spezialfragen zu verlieren.

Die Veröffentlichung seiner Predigten und Meditationen in »Kleines Kirchenjahr« (1954), das bis 1981 immer wieder neu aufgelegt wurde (es erschien 1968 sogar in Blindenschrift), zeugt davon ebenso wie das Bändchen »Gott ist Mensch geworden« (1975) oder die von Albert Raffelt zusammengestellte Sammlung »Das große Kirchenjahr« (1986, ³1990).

Vor fünf Jahren haben die beiden Herausgeber bereits einmal ein Bändchen unter dem Titel »Was Weihnachten bedeutet« herausgegeben. Es spannte die beiden Rahner-Texte »Weihnachten« (ursprünglicher Titel: »Seitdem ich euer Bruder wurde …«) von 1951 und »Die Antwort der Stille. Brief an einen Freund« von 1962 zusammen. Der Reichtum an verschiedenen Texten Rahners zum Weihnachtsfest ermutigt uns, nun ein neues Weihnachtsbändchen zusammenzustellen.

Rahner war sich des Drucks bewusst, der auf dem Weihnachtsfest lastet. Von der Redaktion eines Pfarrblattes einmal befragt, was er von Weihnachten halte, machte er unmissverständlich darauf aufmerksam, als Christ habe man die Pflicht, sich »über diesen *Weihnachtszauber* nichts vorzumachen« (in: Karl Rahner, Sämtliche Werke, Bd. 23, S. 573), man müsse frommes Brauchtum hinterfragen, Zwänge hinter sich lassen und Missverständnisse ausräumen – um zu einem unverstellten, positiven Fest-Inhalt zu gelangen. Es ging ihm darum, hinter und in all dem, was mit Weihnachten verbunden ist, eine religiöse Erfahrung, ein religiöses Ergriffensein zu ermöglichen – eine wirkliche »Erfahrung des Herzens«.

Dies prägt auch die drei hier zusammengestellten, von den Herausgebern unter dem Titel »Von der stillen Weihnacht unseres Herzens« vereinten Texte.

III. Zum Textverständnis

1. Im ersten, sehr poetischen Text »Geweihte Nacht« beschreibt Rahner das Ereignis von Weihnachten. Wer meint, das verstehe sich doch von selbst, wird beim Lesen merken,

dass Rahner in einer so ungewohnten Sprache darüber spricht, dass man mit neuen Augen auf dieses Ereignis blickt: »Da hat es begonnen. Da ist Gott selbst leise aus dem schrecklichen Glanz, in dem er als der Gott und der Herr wohnt, herausgetreten und zu uns gekommen«; er hat »unsern Schicksalsweg betreten und ihn so offen gemacht in die unendlichen Weiten Gottes. Und da es uns unaufhebbar annahm, da das Wort Gottes nie mehr aufhört, Mensch zu sein«, darum ist dieser »nächtlich stille Anfang eine Heilige Weihnacht«.

Wenn man Weihnachten in dieser Weise versteht, hat das freilich Folgen für die Art und Weise, wie man Weihnachten am besten feiert. Rahner legt nahe, es als »Mysterium der heiligen Nacht« zu feiern: »Still muss es sein, gesammelt und sanft in unserem Herzen … Wir müssen es wagen, diese nächtliche Stille hereinzulassen in den inwendigen Menschen«.

Doch wenn man fragt, wie das gehen soll, dieses Hereinlassen der nächtlichen Stille, wenn man fast ein wenig davor zurückschreckt angesichts des üblichen Weihnachtstrubels, dann machen Rahners Worte Mut: Zwar können wir nur dann »die heilige Stille dieser Nacht in unseren inneren Menschen hineinlassen, wenn auch unser Herz ›einsam wacht‹«, aber das kann unser Herz. »Denn solche Einsamkeit und Stille ist leicht. Sie hat nur jene Schwere, die allen hohen Dingen eigen ist, die einfach sind und groß. Wir *sind* ja einsam. Denn es gibt ein inwendiges Land in unserem Herzen, wo wir allein sind, wo niemand hinfindet als Gott.« Diese stillste Kammer unseres Herzen beschreibt Rahner so fein, fast zärtlich, dass es ergreift.

2. Der Text »Von der seligen Reise des gottsuchenden Menschen« zählt für viele Rahnerkenner zu den schönsten seiner Texte, ja, zu den schönsten Texten der spirituellen Literatur im deutschsprachigen Raum überhaupt. Und das zu Recht. Er ist eine spirituelle Perle, wie es nicht viele davon gibt – sooft man ihn auch liest, man ist am Ende immer wieder tief berührt. Rahner zeigt darin, dass Weihnachten zwei Seiten hat: Nicht nur Gott ist zu uns Menschen gekommen, auch die

Menschen sind wegen des göttlichen Kindes in Bewegung geraten. Doch nicht nur das, der Text ist ungeheuer reich, er sagt auf wenigen Seiten erstaunlich vieles. So enthält er zum Beispiel einen Gottesbegriff, sagt also, was wir mit dem Wort »Gott« meinen. »Gott« bedeutet: »Grund aller Wirklichkeit, Meer, zu dem alle Bäche unserer Sehnsucht pilgern, namenloses Jenseits hinter allem, was uns vertraut ist, unendliches Rätsel, das alle anderen Rätsel in sich birgt und uns verbietet, deren endgültige Lösung hier im Bekannten und Erfahrbaren zu suchen, schrankenlose Unermesslichkeit in reinster Einfachheit an Wirklichkeit, Wahrheit, Licht und Leben und Liebe. Auf ihn zu flieht die ungeheuerliche Flucht aller Kreatur durch all die Zeiten, durch alle Veränderung und allen Wechsel«. Er enthält auch einen ungeheuren Zukunftsoptimismus: »Lasst uns vergessen, was hinter uns liegt. Es ist noch alles Zukunft. Es sind noch alle Möglichkeiten des Lebens offen, weil wir Gott noch finden, noch mehr finden können. Nichts ist vorbei und dem verloren, der Gott entgegenläuft, dessen kleinste Wirklichkeit größer ist als unsere kühnsten Illusionen«.

Und noch vieles andere mehr findet sich in diesem Text, so anrührend, so vertrauensvoll ermutigend, so lebensfroh, dass manchem beim Lesen tatsächlich die Tränen kommen.

3. Was hat der Text über »Die Heilige Familie«, der auf den ersten, flüchtigen Blick et-

was nüchtern erscheint, mit Weihnachten zu tun? Vordergründig könnte man antworten, dass ja erst an Weihnachten aus dem Paar Josef und Maria eine Familie wird. Aber das wäre in der Tat vordergründig. Rahner geht tiefer, fragt existentiell »Was bedroht unsere Familien?« und stellt fest, dass es die Selbstsucht ist. Doch was ist diese Selbstsucht »im Tiefsten«? Sein Antwort: Es ist die »verzweifelte Angst, man könne nicht glücklich werden, wenn man Opfer, Leid und Verzicht auf sich nimmt. Diese Angst wäre nur zu berechtigt, sie würde nur zu sehr diese Selbstsucht rechtfertigen, gäbe es nur die Welt und ihre Enge, wäre diese Enge der einzige Raum, in dem das Glück wohnen könnte, in den es mit Gewalt hineingepresst werden müsste. Erlöst von dieser Angst und so befreit von der Selbstsucht kann letztlich nur sein, wer (wissend oder ihm selbst verborgen) in das Haus des Vaters, in die Weite Gottes geht, wer glaubt, dass irdische Erfüllung nicht das Letzte ist.«

An Weihnachten feiern wir die Geburt dessen, der uns durch sein Leben und Sterben bezeugt, dass irdische Erfüllung nicht das Letzte ist, dass unser Leben hier auf der Erde in der Tat nicht alles ist, was uns erwartet. Denn, so Rahner: »Gott hat sein letztes, sein tiefstes, sein schönstes Wort in die Welt hineingesagt, ein Wort, das nicht mehr rückgängig gemacht werden kann, weil es Gottes endgültige Tat, weil es Gott selbst in der Welt ist. Und dieses Wort heißt: Ich liebe dich, du Welt und du Mensch.«

Dass wir alle mit dieser Gewissheit leben und dereinst sterben können, dass aus leisen Ahnungen tragende Gewissheit wird im Lauf eines Christenlebens, das wünschen die Herausgeber dieses Bändchens allen Leserinnen und Lesern von Herzen.

Andreas R. Batlogg SJ

Peter Suchla

[In eckigen Klammern stehende Wörter sind Einfügungen der Herausgeber zum besseren Verständnis, die sich im Originaltext nicht finden.]

Geweihte Nacht

Warum nennen wir das Fest, das wir heute begehen, Weihnacht? Wir wissen ja, historisch gesehen, nicht sicher, ob Jesus in der Nacht geboren wurde. Der Bericht von den Hirten, die bei ihren Herden Nachtwache hielten und dabei die himmlische Botschaft von der Geburt des Heilandes erfuhren, ist ja an sich noch kein eindeutiger Beweis, dass Jesus selbst in der Nacht geboren wurde. Und doch hat die Christenheit sich immer diese selige und rettende Geburt in der Nacht geschehend vorgestellt. Und die deutsche Sprache hat diese Überzeugung sogar in den Namen dieses Festes eingetragen. Warum wohl?

Die Nacht hat für den Menschen ein doppeltes Antlitz. Sie ist, wie fast alle von den

Mächten des menschlichen Daseins, doppelsinnig und darum zweideutig. Die Nacht kann das Unheimliche, das Finstere sein, die Zeit, da niemand wirken kann, wie Jesus in der Schrift sagt; sie wird als verwandt mit dem Tod empfunden; sie ist die Zeit des Wesenlosen, des Unsicheren und Gefahrvollen, des Unübersichtlichen. Und darum kann auch im Feld des Religiösen die Nacht diese Symbolbedeutung haben: Als »Nacht« gilt in der Schrift die Zeit des Unglaubens und der Sünde, die Zeit des Gerichtes und der göttlichen Heimsuchung. Darum müssen die Christen Kinder des Tages sein, müssen wie die Sterne in der Nacht leuchten, damit sie nicht vom Richter überrascht werden, der kommt wie ein Dieb in der Nacht. Darum müssen wir wachen, dürfen wir nicht schlafen, müssen wir vom Schlaf aufstehen und wie am Tage wandeln.

Aber für das menschliche Empfinden, auch wie es sich in der Schrift ausspricht, hat die Nacht auch noch ein anderes Gesicht. Sie ist die Zeit der Stille und der gesammelten Kraft, die an sich hält, die warten kann und reifen lässt. Mitten in der Nacht ertönt der Ruf, dass der Bräutigam kommt. Die Nacht ist in der Schrift die Zeit himmlischer Träume. Weil die Nacht die Zeit der Gelöstheit von den versklavenden Eindrücken und Bindungen des äußerlichen Alltags ist, darum ist sie eine Zeit des Gebetes, so dass Jesus ganze Nächte in der Zwiesprache mit Gott verbringt. Auch die Nacht kann zärtlich als

Geschöpf Gottes empfunden werden, so dass der Psalmist (74, 16) beten kann: Dein ist der Tag und dein ist die Nacht. Und Daniel fordert (3, 71) die Nacht auf, Gott zu preisen, wie ja nach dem Psalmisten jede Nacht die Botschaft von der Herrlichkeit Gottes an die nächste weitergibt, da ja der Himmel schon im Psalm (19, 3) durch die stille Größe und seine unermessliche Weite dem frommen Gemüte von Gottes Größe spricht.

Warum können wir so die Nacht zwiespältig empfinden? Wir erleben sie als Anfang, als das noch Unbestimmte, auf das das eigentlich Gemeinte und Gültige erst noch kommen soll: das Licht und der Tag. Der Anfang, die Möglichkeit aber ist das Zweideutige: das gute Versprechen, das noch nicht eingelöst ist, die weite, freie Möglichkeit, die aber ihre Wirklichkeit noch nicht gefunden hat, der Plan, der herrlich ist, aber noch nicht ausgeführt. Und solches ist notwendig zweideutig; verheißend und bedroht und bedrohlich zumal, das Vorläufige, das noch zu allen Fernen aufbrechen kann, dem aber noch nicht sicher ist, dass es ankommen wird.

Wenn es nun einen Augenblick der Geschichte gibt, der Geschichte des Einzelnen und der Menschheit, der wie ein Uranfang ist, voll der unübersehbaren Möglichkeiten und Verheißungen, einen Anfang, der alles in seinem geheimnisvollen Schoß birgt, und wenn dieser Anfang unsagbaren, unendlichen Beginnens sogar schon seine Verwirklichung sicher in sich trägt, schon seines Sieges

gewiss, schon ebenso Erfüllung wie Verheißung ist, *dann* müsste man diesen Augenblick
die heilige Nacht nennen. Nacht, weil Anfang,
heilige Nacht, weil seliger und unbesiegbarer
Anfang; man müsste zu solchem Beginn heilige Nacht, geweihte Nacht, Weihnacht sagen. Und darum sagen wir zu dem Fest, das
wir heute begehen, Weihnacht, Heilige
Nacht. Und wir singen: Stille Nacht, heilige
Nacht. Überall auf der Welt wird ja diesem
Fest so zugesungen. Und man hat nicht von
ungefähr dieses Fest während des vierten
Jahrhunderts in die Zeit gelegt, wo auch für
die Natur die Sonne ihren Lauf wie von
neuem beginnt. Man hat damals den Anfang
der »Sonne der Gerechtigkeit«, wie der Pro-
phet den Heiland nennt, auf den Tag des

heidnischen »natalis solis invicti«, auf den Festtag der Geburt des »unbesieglichen Sonnengottes«, festgesetzt.

Mit heiligem Recht. Denn diese Stunde *ist* die heilige Weihnacht. Denn der Glaube der Christen sagt: Da hat es begonnen. Da ist Gott selbst leise aus dem schrecklichen Glanz, in dem er als der Gott und der Herr wohnt, herausgetreten und zu uns gekommen; still ist er in die Hütte unseres irdischen Daseins eingetreten, erfunden wie ein Mensch; er hat angefangen, wo wir anfangen, ganz arm, ganz gefährdet, ganz kindlich und sanft, ganz wehrlos. Er, der die unendliche, ferne Zukunft ist, die wir von uns aus nie einholen, weil sie in immer weitere Fernen zurückzuweichen scheint, wenn wir ihr entgegeneilen auf den harten Straßen unseres Lebens, er ist selbst uns entgegengekommen, bei uns angekommen, da wir sonst nicht zu ihm fänden, er ist mit uns unseren Weg zu sich gegangen, damit er ein seliges Ende finde, weil dieses Ende auch selbst unser Anfang wurde. Gott ist nahe; sein ewiges Wort des Erbarmens ist da, wo wir sind; es pilgert unsere Wege, es kostet unsere Freude und unser Elend, es lebt unser Leben und stirbt unsern Tod. Es hat lind und leise sein ewiges Leben in diese Welt und in ihren Tod eingesenkt. Es hat uns erlöst, da es unser Los teilte. Es hat unsern Anfang zu seinem gemacht, unsern Schicksalsweg betreten und ihn so offen gemacht in die unendlichen Weiten Gottes. Und da es uns unaufhebbar annahm, da das Wort Gottes nie mehr aufhört, Mensch zu sein, darum ist dieser Anfang, der unser und seiner ist, ein Anfang unzerstörbarer Verheißungen, ist dieser nächtlich stille Anfang eine *Heilige Weihe*nacht.

Aber von daher zeigt sich auch, wie wir Weihnachten feiern müssen. Als Mysterium der heiligen Nacht. Still muss es sein, gesammelt und sanft in unserem Herzen, vorbehaltlos offen wie das Herz eines Kindes, das sich noch keiner der Möglichkeiten seines Daseins versperrt, sondern für alle arglos bereit ist. Das Hintergründige, das Weite und Unverfügbare unseres Seins muss still walten über uns, so wie die Nacht, indem sie das Handhabbare und Gemessene versinken lässt, die weite Ferne näherrückt, ohne sie einzuengen. Wir müssen es wagen, diese nächtliche Stille hereinzulassen in den inwendigen Menschen, indem wir die Flucht in den Betrieb, das Geschwätz und Getue aufgeben, in der wir uns und dem Geheimnis über uns davonzulaufen versuchen, weil uns, die Ungewohnten, auch das große Geheimnis der unendlichen Liebe erschreckt. Wir sollten die geweihte Nacht, darin auch unser Leben konsekriert [geheiligt/geweiht] wurde, nicht durch allzu billigen Festtagsbetrieb entweihen. Das Familiäre, das Kindliche dieses Festes, das solchem Tag durchaus geziemt, sollte doch durchsichtig bleiben auf jenes unsagbare Geheimnis hin, das die Menschen erst untereinander tief vertraut macht und ihnen die Verheißung ewiger Jugend schenkt.

Nur wer in der Stille des milden Ansich-
haltens, der lassenden Ergebenheit, in der
schweigenden Weihnacht des eigenen Herzens die Vielfalt der Dinge, der Menschen
und der Bestrebungen zurücktreten lässt, die
ihm sonst den Blick in die Unendlichkeit verstellen, nur wer die irdischen Lichter einmal
wenigstens für eine kleine Weile auslöscht,
die ihn sonst die Sterne des Himmels nicht
sehen lassen, nur wer in solcher schweigender
Nacht des Herzens sich anrufen lässt von der
unsagbaren, wortlosen Nähe Gottes, die
durch ihr eigenes Schweigen spricht, so wir
Ohren dafür haben, nur der feiert Weihnachten, wie es begangen werden soll, wenn es
nicht zu einem bloß weltlichen Feiertag ent-
arten soll. Es müsste uns zumute sein, wie

wenn wir in einer klaren Winternacht unter den Sternenhimmel treten: Ferne grüßt noch das Licht der menschlichen Nähe und heimatlichen Geborgenheit; aber über uns steht der Himmel, und wir empfinden die schweigende Nacht, die uns sonst unheimlich und erschreckend vorkommen mag, als die stille Nähe des unendlichen Geheimnisses unseres Daseins, das bergende Liebe und weite Größe zugleich ist.

Es ist Heilige Weihnacht! Die ewige Zukunft ist in unserer Zeit gekommen. Ihr Glanz blendet noch, so dass wir meinen, es sei Nacht. Aber auf jeden Fall ist es eine selige Nacht, eine Nacht, die schon durchwärmt ist und durchlichtet, die schön ist, heimlich und bergend durch den ewigen Tag, den sie in ihrem dunklen Schoß trägt. Es ist stille, heilige Nacht. Für uns aber nur, wenn wir die heilige Stille dieser Nacht in unseren inneren Menschen hineinlassen, wenn auch unser Herz »einsam wacht«. Es kann es eigentlich leicht. Denn solche Einsamkeit und Stille ist leicht. Sie hat nur jene Schwere, die allen hohen Dingen eigen ist, die einfach sind und groß. Wir *sind* ja einsam. Denn es gibt ein inwendiges Land in unserem Herzen, wo wir allein sind, wo niemand hinfindet als Gott. Diese innerste, unbezügliche Kammer in unserem Herzen [in der alle Bezüge/alle Beziehungen zu Weltlichem gelöst sind] ist da. Die Frage ist nur, ob wir sie selber in töricht schuldiger Furcht meiden, weil niemand und nichts von den irdisch Vertrauten sie betreten und mitgehen können, wenn wir dort eintreten. Treten wir da leise ein! Schließen wir die Türe hinter uns! Lauschen wir der unsagbaren Melodie, die im Schweigen dieser Nacht ertönt. Die stille und einsame Seele singt hier dem Gott des Herzens ihr leisestes und innigstes Lied. Und sie kann vertrauen, dass er es hört. Denn dieses Lied muss den geliebten Gott nicht mehr jenseits der Sterne in jenem unzugänglichen Licht suchen, das er bewohnt und dessentwegen ihn keiner sieht. Weil Weihnachten ist, weil das Wort Fleisch wurde, darum ist Gott nahe und das leiseste Wort in der stillsten Kammer des Herzens, das Wort der Liebe findet sein Ohr und sein Herz. Und der bei sich selbst, auch wenn es Nacht ist, Eingekehrte vernimmt zu dieser

nächtlichen Stille in der Tiefe des Herzens
Gottes leises Wort der Liebe. Man muss ru-
hig sein, die Nacht nicht fürchten, schweigen.
Sonst hört man nichts. Denn das Letzte wird
nur im Schweigen der Nacht gesagt, seitdem
durch des Wortes gnadenvolle Ankunft in
unserer Nacht des Lebens Weihnacht, heilige Nacht, stille Nacht geworden ist.

Von der seligen Reise des gottsuchenden Menschen

Gedanken zum Fest
der Erscheinung des Herrn

Wir haben wohl alle in den letzten Tagen der heiligen Weihnacht viel »Feste gefeiert« – für uns oder wenigstens für andere. Wir waren fröhlich oder vielleicht auch nur – ach, es ist nicht immer leicht, festlicher Stimmung zu sein – still und besinnlich oder gar ein wenig wehmütig. Aber etwas weniger alltäglich war es uns doch wohl allen zu Gemüte, ein klein wenig sind doch in diesen Tagen der Kinder und *des* Kindes unsere Herzen leichter und für die Dinge *über* dem bloßen Alltag empfänglicher gewesen.

Am Ende dieser festlichen Tage steht das Fest der Erscheinung des Herrn. Es ist eigentlich noch einmal das Weihnachtsfest, jenes Weihnachtsfest nämlich, das im vierten christlichen Jahrhundert aus dem Osten der

Kirche auch ins Abendland reiste und hier sich neben *das* Weihnachtsfest stellte, das schon am 25. Dezember gefeiert wurde. Es ist das Fest des Kund- und Offenbarwerdens des Heilands und Erlösers an die Menschen, über sein Volk hinaus an die »Heiden«, d. h. an alle Völker und Menschen insgesamt. Es ist das Fest, das sagt: »Erschienen ist die Gnade und Menschenfreundlichkeit unseres Gottes und Heilandes Jesus Christus«, das Fest, das sagt: Siehe, Gott ist da – noch still und leise, noch so, wie der Frühling im kleinen Samenkorn sitzt, still und siegesgewiss, unter der winterlichen Erde verborgen und doch schon mächtiger als alle Finsternis und Kälte. Es ist das Fest, das sagt: Gott ist da, Gott, der ein Mensch geworden ist, der in die Armseligkeit und Enge unseres Lebens hineingegangen ist und uns so geliebt hat, dass er wurde einer von uns, so dass es nimmer zweifelhaft ist, wie dieses Drama ausgeht, das die Menschheit auf der Bühne ihrer Geschichte spielt, so dass es – o gebenedeiter Glaube – sicher ist, dass diese scheinbar so ziellos improvisierte Tragödie voll Blut und Tränen doch eine göttliche Komödie voll himmlischer Zielstrebigkeit ist, seit eben Gott ihr nicht mehr bloß zuschaut, sondern selber mitspielt und die entscheidenden Stichworte selber spricht. Fest der Erscheinung des Herrn, in dem immer noch die heilige Nacht gefeiert wird, die heller ist als unsere trüben Tage, weil sie das ewige Lichtlein unserer Finsternis empfing.

Aber es ist doch auch ein *neuer* Zug in diesem zweiten Weihnachtsfest, der im ersten nicht so hervortritt. Nicht nur Gott ist zu *uns* gekommen, sondern in Kraft dieser göttlichen Tat sind die Menschen selbst in Bewegung geraten, die Menschen selber gehen zu dem, der zu ihnen gekommen ist. Wir nennen ja dieses Fest, diesen »obristen Tag« (wie das Mittelalter ihn hieß): Dreikönig. Und so untheologisch und ungeschichtlich dieser liebe Name des gemeinten Festes auch sein mag, weil die Weisen aus dem Morgenlande an der Krippe weder den Gegenstand des Festes ausmachen, noch Könige waren und auch nicht sicher drei gewesen sind, so weist uns »Dreikönig« doch bedeutsam auf *die* Seite des Festgeheimnisses hin, dass die ers-

ten Menschen aus der *Ferne* durch alle Fähr-
nisse sich hindurchsuchten, wandernd und
pilgernd, zu dem Kind, das ihr Erlöser war.
So ist dieser Tag das Fest der seligen Reise
des gottsuchenden Menschen auf der Pilgerschaft seines Lebens, des Menschen, der Gott
findet, weil er ihn suchte.

Wahrlich, wir lesen unsere *eigene* Geschichte, die Geschichte unserer ewigen Pilgerschaft, wenn wir die ersten zwölf Verse
des zweiten Kapitels bei Matthäus lesen von
den Magiern aus dem fernen Babylon, die,
vom Stern geführt, sich durch Wüsten durch-
schlugen und durch Gleichgültigkeit und Po-
litik sich glücklich durchfragten, bis sie das
Kind fanden und als den Heiland-König ver-
ehren konnten.

Es ist unsere Geschichte, die wir da lesen. Oder besser: Es *soll* unsere Geschichte sein. Denn sagt selbst: Sind wir nicht alle Pilger, auf der Reise, Menschen, die keine bleibende Stätte haben, selbst wenn wir nie unsere Heimat verlassen mussten? Wie flieht die Zeit, wie schwinden die Tage, wie sind wir ewig im Wandel, wie ziehen wir immer weiter: Irgendwo und irgendwann fingen wir an, und schon waren wir aufgebrochen zur Reise, die immer weiter geht und nie mehr zur selben Stelle zurückkehrt. Und der Weg zieht durch die Kindheit, durch Jugendkraft und Altersreife, durch wenig Feste und viel Alltag, durch Hohes und Erbärmliches, durch Reinheit und Schuld, durch Liebe und Enttäuschung, immer weiter, unaufhaltsam weiter vom Morgenland des Lebens zum Abendland des Todes. So unaufhaltsam, so unerbittlich geht es weiter, dass wir es oft gar nicht mehr merken, dass wir meinen, wir ständen still, weil wir *immer* gehen und auch alles andere mitzugehen scheint, an dem wir die Bewegung unseres Lebens abzulesen vermöchten.

Aber wohin geht die Reise? Fanden wir – als wir zu unserem Dasein erwachten – uns nur in einen Zug versetzt, der fährt und fährt, ohne dass wir wissen wohin, so dass wir uns darin nur erträglich einzurichten und ordentlich und friedlich aufzuführen haben, aber um Gotteswillen nicht fragen dürfen, wohin eigentlich der Zug fährt? Oder suchen wir wirklich auf unserer Reise ein Ziel, weil das heimliche Herz weiß, dass es ein solches gibt, so mühsam und weit der Weg auch sein mag? Ist dieser Mensch bloß der Punkt in der Welt, an dem diese brennend ihrer Nichtigkeit inne wird? Glüht unser Geist auf, nur um schmerzlich zu erkennen, dass er aus dem Dunkel des Nichts auftaucht, um in ihm wieder zu verschwinden, so wie eine Sternschnuppe auf ihrer dunklen Reise im leeren All für einen Augenblick aufglüht, wenn sie durch unsere Atmosphäre fährt? Laufen wir, um uns endgültig zu verlaufen? Und darf das Herz und der Geist nicht vorausfragen nach dem Gesetz der Bahn, ohne dass sie erstarren im Schrecken über das stumme, hoffnungslose Kopfschütteln, das die einzige Antwort ist? Oder darf man solche Fragen nicht stellen? Aber wer wird dem Herzen solches verbieten können?

O nein, wir wissen es doch: Gott heißt das Ziel unserer Pilgerschaft. Er wohnt in weiter Ferne. Allzu weit und allzu schwer mag uns der Weg dahin scheinen. Und unbegreiflich, was wir selbst meinen, wenn wir »Gott« sagen: Grund aller Wirklichkeit, Meer, zu dem alle Bäche unserer Sehnsucht pilgern, namenloses Jenseits hinter allem, was uns vertraut ist, unendliches Rätsel, das alle anderen Rätsel in sich birgt und uns verbietet, deren endgültige Lösung hier im Bekannten und Erfahrbaren zu suchen, schrankenlose Unermesslichkeit in reinster Einfachheit an Wirklichkeit, Wahrheit, Licht und Leben und Liebe. Auf ihn zu flieht die ungeheuerliche

Flucht aller Kreatur durch all die Zeiten, durch alle Veränderung und allen Wechsel. Muss sich da nicht auch unser armes Herz aufmachen, um ihn zu suchen, wenn der freie Geist nur findet, was er suchen wollte, und wenn Gott verheißen hat in seinem Wort, dass er sich finden lasse von denen, die ihn suchen, dass er in Gnade nicht bloß das je weitere Jenseits aller Orte sein wolle, an die pilgernde Kreatur gelangt, sondern derjenige, der sich wirklich finden lasse: Aug' in Aug', Herz zu Herz, von jener kleinen Kreatur mit dem unendlichen Herzen, die wir Menschen nennen?

Siehe, die Weisen haben sich aufgemacht. Denn ihr Herz ist zu *Gott* gepilgert, als ihre Füße nach Betlehem liefen. Sie suchten ihn, aber er führte sie schon, da sie ihn suchten. Sie sind solche, die nach dem Heiland verlangen in Hunger und Durst nach der Gerechtigkeit und darum nicht meinen, es dürfe der Mensch seinen einen Schritt unterlassen, weil Gott ja doch tausend machen müsse, damit beide sich finden. Sie suchen *ihn*, das Heil, am Himmel und im Herzen. In der Stille und bei den Menschen, selbst bei den Juden und in ihren heiligen Schriften. Sie sehen einen Stern seltsam am Himmel emporsteigen. Und er lässt – selige Milde Gottes – auch ihre Astrologie, obwohl sie töricht ist, einmal geraten, weil ihr reines Herz es nicht besser wusste. Ihr Herz wird ein wenig gezittert haben, als die Theorie aus der unter ihnen umgehenden dunklen Kunde von jüdischer

Heilserwartung und ihrer Astrologie nun plötzlich die Praxis einer sehr konkreten Reise werden sollte. Sie werden ihr kühnes Herz selbst ein wenig gefürchtet haben, und fast wäre ihnen lieber gewesen, wenn es die edlen Grundsätze der theoretischen Vernunft nicht gar so wirklichkeitsfremd und unpraktisch ernst genommen hätte. Aber das Herz ist stark und selig mutig. Sie gehorchen ihm und gehen. Und plötzlich, als sie die Heimat hinter sich haben, wird ihr Herz leicht, wie das Herz eines, der alles gewagt hat und mutiger ist, als man eigentlich – so nach den Alltagsgrundsätzen – sein kann. Sie gehen verschlungene Pfade, aber vor Gottes Augen ist es der gerade Weg zu *ihm*, weil sie *ihn* in Treue suchen. Es wird ihnen bange, so fern der Heimatlichkeit des Gewohnten zu sein, aber sie wissen, alle müssen wandernd sich wandeln und immer wieder ausziehen, um *die* Heimat zu finden, die mehr ist als ein Zelt am Pilgerweg. Sie wissen in der Tat ihres Lebens (die mehr ist als die Theorie des Kopfes), dass Leben Sich-Wandeln heißt und Vollkommen-Sein Sich-oft-gewandelt-Haben. So wandern sie. Der Weg ist weit – die Füße oft müde – das Herz wieder oft schwer und verdrossen. Und es kommt sich seltsam vor, und es ist schmerzlich, so ganz anders sein zu müssen als die Herzen der anderen Menschen, die so ernsthaft dumm in ihren Alltagsgeschäften versunken sind, wenn sie mitleidig ärgerlich diese Reisenden vorbeiziehen sehen auf der Reise der nutzlosen Verschwendung des Herzens. Ihr Herz aber hält durch, sie wissen selbst nicht, woher der Mut und die Kraft immer wieder kommen, die nicht aus ihnen sind, die immer nur gerade reichen, die aber auch nie ausgehen, wenn man nicht fragt und nicht vorwitzig in das leere Gefäß des Herzens hineinschaut, ob auch noch etwas drinnen sei, sondern mutig seinen geheimnisvollen Inhalt weiter verschwendet … Ihr Herz lässt sich nicht verschüchtern. Sie schauen nicht hochmütig auf die Menschen herab, an denen sie vorbeiziehen. Aber sie ziehen vorbei und denken: Er wird auch diese rufen, wenn es ihm gefällt, wir aber dürfen nicht dem Lichte untreu werden, weil es andern noch nicht zu leuchten scheint. Sie erhalten von Schriftgelehrten mürrische Auskünfte in Jerusalem und einen hinterlistigen Auftrag von einem König. Aber ihr Ohr hört daraus nur eine himmlische Botschaft, weil ihr Herz gut ist und voll Verlangen. Und als sie ankommen und niederknien, tun sie nur, was sie eigentlich immer taten, auf der Suche und Reise schon taten: Sie bringen das Gold ihrer Liebe, den Weihrauch ihrer Ehrfurcht und die Myrrhe ihrer Schmerzen vor das Antlitz des unsichtbar-sichtbaren Gottes. Ihr Weg zieht dann äußerlich wieder aus dem Land der heiligen Geschichte fort. Still wie sie gekommen, schwinden sie wieder (wie solche, die sterben) aus unserem Gesichtskreis.

Aber wer einmal sein ganzes Herz selbstlos bis zum letzten Tropfen verschwendet hat an den Stern, der hat das Abenteuer seines Lebens in einem schon bestanden. O Freude: Es waren königliche Herzen in diesen Männern, die uns wieder entschwinden. Wenn ihre eigentliche Reise zum unsichtbaren ewigen Licht auch weiterging, ja erst eigentlich anfing, da sie wieder in ihr Land zurückkehrten – so königliche Herzen finden endgültig heim. Und wir wollen sie darum fröhlich heißen wie bisher: die heiligen Könige aus dem Morgenland.

Lasst auch uns auf die abenteuerliche Reise des Herzens zu Gott gehen! Lasst uns laufen! Lasst uns vergessen, was hinter uns liegt. Es ist noch alles Zukunft. Es sind noch alle Möglichkeiten des Lebens offen, weil wir Gott noch finden, noch mehr finden können. Nichts ist vorbei und dem verloren, der Gott entgegenläuft, dessen kleinste Wirklichkeit größer ist als unsere kühnsten Illusionen, dem Gott, der die ewige Jugend ist, in deren Land keine Resignation wohnt. Wir wandern durch die Wüsten. Herz, verzage nicht über den Anblick des Pilgerzuges der Menschheit, der Menschen, die gebückt unter der Last ihrer verschwiegenen Qual weiterziehen, immer weiter, scheinbar alle in die gleiche Ziellosigkeit. Verzage nicht: Der Stern ist da und leuchtet. Die heiligen Bücher sagen, wo der Erlöser zu finden ist. Die sehnsüchtige Unruhe treibt.

Sag selbst: Steht der Stern nicht still am Firmament deines Herzens? Er ist klein? Er ist fern? Aber er ist da. Er ist nur klein, weil du noch weit zu laufen hast! Er ist nur fern, weil deiner Großmut eine unendliche Reise zugetan wird. Aber der Stern ist da! Auch die *Sehnsucht* nach Freiheit des inneren Menschen, nach Güte, nach Seligkeit, auch das *Bedauern*, ein schwacher, sündiger Mensch zu sein, ist ein Stern. Warum schiebst du selbst die Wolken vor den Stern? Die Wolken der Verdrossenheit, der Enttäuschung, der Bitterkeit des Versagthabens, die Wolken höhnischer oder resignierter Worte über die ausgeträumten Träume seliger Hoffnung? Gib die Wehr auf: Der Stern leuchtet! Ob du ihn zum Polarstern deiner Seefahrt machst oder nicht, er steht an deinem Himmel, und auch dein Trotz und deine Schwachheit löschen ihn nicht aus. Warum sollen wir also nicht glauben und wandern? Warum sollten wir also nicht zum Stern am Firmament des Herzens aufblicken? Warum nicht dem Lichte nachgehen? Weil es Menschen wie die Schriftgelehrten in Jerusalem gibt, die den Weg nach Betlehem wissen und ihn nicht gehen? Weil es Könige wie Herodes gibt, denen solche Kunde vom Messias nur eine Störung ihrer politischen Pläne ist, Könige, die auch heute noch dem Kinde nach dem Leben trachten? Weil die meisten mit der verdrossenen Lebensklugheit ihrer engen Herzen zu Hause sitzen bleiben und solche abenteuerliche Reisen des Herzens für Kindereien halten? Lassen wir sie und folgen wir dem Stern des Herzens!

Wie soll ich laufen? Das *Herz* muss sich bewegen! Das betende, das verlangende, das schüchtern, aber ehrlich in guten Werken sich übende Herz, das läuft, das wandert Gott entgegen, das Herz, das glaubt und sich nicht verbittern lässt, das Herz, das die Torheit der Güte für gescheiter hält als die Schlauheit des Egoismus, das Herz, das an die Güte Gottes glaubt, das Herz, das seine Schuld sich von Gott liebend vergeben lassen will (o das ist schwerer zu tun, als ihr vielleicht meint), das sich von Gott überführen lässt seines geheimen Unglaubens und das sich darüber nicht wundert, sondern Gott die Ehre gibt und bekennt – ein solches Herz hat die abenteuerliche Reise der königlichen Herzen nach Gott angetreten.

Ein neues Jahr hat begonnen. Auch in diesem Jahr ziehen alle Wege vom Morgenland zum Abendland durch die Wüsten des Lebens endlos an Vergänglichkeit vorbei. Aber man kann auf ihnen die selige Reise der Pilgerschaft zum Absoluten machen, die Reise zu Gott. Brich auf, mein Herz, und wandre! Es leuchtet der Stern. Viel kannst du nicht mitnehmen auf den Weg. Und viel geht dir unterwegs verloren. Lass es fahren. Gold der Liebe, Weihrauch der Sehnsucht, Myrrhe der Schmerzen hast du ja bei dir. Er wird sie annehmen.

Die Heilige Familie

[Am Sonntag, der auf das Weihnachtsfest folgt, feiert die Kirche das Fest der Heiligen Familie.]

Die Eltern Jesu gingen jedes Jahr zum Pascha-
fest nach Jerusalem. Als er zwölf Jahre alt ge-
worden war, zogen sie wieder hinauf, wie es dem
Festbrauch entsprach. Nachdem die Festtage zu
Ende waren, machten sie sich auf den Heimweg.
Der junge Jesus aber blieb in Jerusalem, ohne
dass seine Eltern es merkten. Sie meinten, er sei
irgendwo in der Pilgergruppe, und reisten eine
Tagesstrecke weit; dann suchten sie ihn bei den
Verwandten und Bekannten. Als sie ihn nicht
fanden, kehrten sie nach Jerusalem zurück und
suchten ihn dort. Nach drei Tagen fanden sie ihn
im Tempel; er saß mitten unter den Lehrern,
hörte ihnen zu und stellte Fragen. Alle, die ihn
hörten, waren erstaunt über sein Verständnis
und über seine Antworten. Als seine Eltern ihn
sahen, waren sie sehr betroffen und seine Mutter

sagte zu ihm: Kind, wie konntest du uns das an-
tun? Dein Vater und ich haben dich voll Angst
gesucht. Da sagte er zu ihnen: Warum habt ihr
mich gesucht? Wusstet ihr nicht, dass ich in dem
sein muss, was meinem Vater gehört? Doch sie
verstanden nicht, was er damit sagen wollte.
Dann kehrte er mit ihnen nach Nazaret zurück
und war ihnen gehorsam. Seine Mutter be-
wahrte alles, was geschehen war, in ihrem Her-
zen. Jesus aber wuchs heran und seine Weisheit
nahm zu und er fand Gefallen bei Gott und den
Menschen. (Lukas 2, 42–52)

Es ist ein dunkles Evangelium, das die Kirche an diesem Tag der Heiligen Familie von Nazareth und aller durch Christus geheiligten Familien verlesen lässt. Ein Vater,

eine Mutter, ein Kind, Elternliebe, Eltern-
sorge, Mutterschmerz, Kindesgehorsam,
Wachstum an Alter und Weisheit vor Gott
und den Menschen sind die Gegenstände
dieses Evangeliums. Insofern passt es ja gut
als heilige Lesung für dieses Fest der Familie.
Aber ist es nicht doch fast ein Missgriff, dieses Evangelium zu wählen? Das Kind geht
seine eigenen Wege. Die Eltern gehen wei-
nend einem »verlorenen« Sohn nach. Und
selbst wo »alles wieder in Ordnung ist«, steht
eine Unbegreiflichkeit trennend und verbin-
dend zwischen Mutter und Sohn.

Gott, der als der eigentliche Vater über
dieser Familie waltet, scheint eher als Bedrohung dieser Familie zu wirken denn als ihr
Band und ihre ewige Verklärung. Selbst wenn

in dieses Familienbild auch die »Probleme« der Familie schon eingezeichnet sein sollten, dann scheinen hier diese Fragen nicht die rechten und lebensnahen zu sein. Wo kommt schon heute die Bedrohung der Familie vom himmlischen Beruf des Kindes? Bei uns kommt sie doch von der Genuss-Sucht, die den schweifenden Trieb mit der wahren Liebe des Herzens verwechselt, von der verbittern- den Armut, von Leichtsinn oder der öden Stumpfheit des Herzens, von Gereiztheit, von der Flucht vor dem Leid, das der notwen- dige Preis wahrer Liebe ist, von Trotz und Ungehorsam, die das Signal dafür sind, dass ein Kind nicht mit sich selbst fertig wird.

Aber mag es überspitzt und gewaltsam klingen, so ist es doch so: Alles Unglück und alle Problematik der Familie kommt doch letztlich von einer falsch verstandenen himmlischen Berufung eines jeden der Menschen, die die Familie ausmachen. Denn alle Tragik und alle Schuld der Menschen ist nur möglich (freilich schuldhaft und verantwortlich möglich), weil der Mensch dürstet nach dem Unendlichen und einer unendlichen Berufung und so hier der ewig Unzufriedene ist.

Weil also Gott immer gesucht wird, auch wo Er am verkehrten, am irdischen Ort gesucht wird, darum ist die »Krise« der Heiligen Familie, von der das heutige Evangelium erzählt, doch auch ein himmlisches Bild der irdischen Bedrohung der Familie. Aber gleichzeitig zeigt dieses Bild auch die heilende Macht, die diese irdischen Bedrohungen überwinden kann. Noch einmal: was bedroht die Familie? Die Selbstsucht. Was ist diese Selbstsucht im Tiefsten: nichts als die verzweifelte Angst, man könne nicht glücklich werden, wenn man Opfer, Leid und Verzicht auf sich nimmt. Diese Angst wäre nur zu berechtigt, sie würde nur zu sehr diese Selbstsucht rechtfertigen, gäbe es nur die Welt und ihre Enge, wäre diese Enge der einzige Raum, in dem das Glück wohnen könnte, in den es mit Gewalt hineingepresst werden müsste. Erlöst von dieser Angst und so befreit von der Selbstsucht kann letztlich nur sein, wer (wissend oder ihm selbst verborgen) in das Haus des Vaters, in die Weite Gottes geht, wer glaubt, dass irdische Erfüllung nicht das Letzte ist. Einer, der in dem ist, was

Gottes ist, kann verzichten und opfern, geben, ohne Rechnung zu stellen, lieben, ohne zu warten, ob er dafür genug Gegenliebe finde, das letzte Wort dem andern lassen, das Dienen nicht zur raffinierten Methode des Herrschens verkehren. Er kann es. Denn er weiß, dass das auf diese Weise verloren gegangene Glück in der Ewigkeit Gottes (die jetzt schon des Menschen Teil sein kann) aufbewahrt ist. Darum aber muss die Familie in dem sich treffen, was des Vaters ist, soll sie eine heilige Familie sein. Und nur eine solche Familie ist glücklich.

Zu den Textquellen

Alle drei Rahnertexte sind der Edition »Karl Rahner, Sämtliche Werke« entnommen, in der sie in den Bänden 7 und 14 zum Abdruck kamen.

»Geweihte Nacht« erschien erstmals 1966 in dem Taschenbuch »Glaube, der die Erde liebt« (Herder-Bücherei 266, S. 28–32) – ohne weitere Angaben auf das ursprüngliche Entstehungsjahr. Jetzt greifbar in: Karl Rahner, Sämtliche Werke, Band 14: Christliches Leben. Aufsätze – Betrachtungen – Predigten. Bearbeitet von Herbert Vorgrimler. Freiburg i. Br. 2006, S. 327–330. Ein Scanfehler, der beim Abdruck auf S. 329 stehen blieb, wurde in unserer Textfassung stillschweigend korrigiert, so dass es wieder »Sterne des Himmels« statt »Steine des Himmels« heißt.

»Von der seligen Reise des gottsuchenden Menschen« erschien unter diesem Titel (mit dem Untertitel »Gedanken zum Fest der Erscheinung des Herrn«) zuerst in der Zeitschrift »Geist und Leben« (22 [1949], S. 405–409). 1954 wurde der Text unter dem Titel »Epiphanie« in das Büchlein »Kleines Kirchenjahr« (S. 36–42) aufgenommen. Albert Raffelt kombinierte beide Titel in »Das große Kirchenjahr« (1986) zu: »Epiphanie: Von der seligen Reise des gottsuchenden Menschen«. Jetzt greifbar in: Karl Rahner, Sämtliche Werke, Band 7: Der betende Christ. Geistliche Schriften und Studien zur Praxis des Glaubens. Bearbeitet von Andreas R. Batlogg. Freiburg i. Br. 2013, S. 133–138.

»Die Heilige Familie« schließlich, ein Evangelienkommentar zu Lukas 2, 42–52, erschien zunächst in der Innsbrucker Wochenzeitung »Der Volksbote« (50 [1950], Nr. 1, S. 12), dort unter dem Titel »Die heilige Familie« und mit dem Zusatz »Zum 1. Sonntag nach Erscheinung« versehen. Dann erst wieder in der posthumen Sammlung »Das große Kirchenjahr« (S. 136–138). Jetzt wieder greifbar in: Karl Rahner, Sämtliche Werke, Band 7 (S. 380–381), unter Auslassung des ersten Satzes aus der Originalveröffentlichung (»Am Sonntag in der Oktav des Festes der Erscheinung des Herrn feiert die Kirche das Fest der Heiligen Familie.«)

Karl Rahner im Matthias Grünewald Verlag
Herausgegeben von
Andreas R. Batlogg SJ und Peter Suchla

Karl Rahner SJ (1904–1984), Theologe von Weltrang, gilt vielen zugleich als der größte spirituelle Schriftsteller des 20. Jahrhunderts. Die von Andreas R. Batlogg und Peter Suchla herausgegebene Reihe stellt Texte aus dem Werk Rahners vor, die zeigen, wie christlicher Glaube das Leben auch heute bereichern kann.

Karl Rahner
Advent – von der tiefen Sehnsucht unseres Lebens
Gebunden mit Leseband | 80 Seiten
ISBN 978-3-7867-3147-4

Der wahre Sinn der Fastenzeit liegt nicht im Verzichten
Gebunden mit Leseband | 112 Seiten
ISBN 978-3-7867-3127-6

Was Ostern bedeutet
Gebunden mit Leseband | 80 Seiten
ISBN 978-3-7867-4032-2

Im Alltag nicht alltäglich werden
Gebunden mit Leseband | 64 Seiten
ISBN 978-3-7867-3181-8